SYNDICAT GÉNÉRAL DU BATIMENT

LES

BONS D'ACOMPTE

ET LES

MEMOIRES D'ENTREPRENEURS

Visés par les Architectes,

Doivent-ils être rédigés sur papier timbré ?

PAR

M. P. DE LOYNES

Professeur à la Faculté de Droit de Bordeaux.

※

BORDEAUX

IMPRIMERIE R. COUSSAU ET F. COUSTALAT

20 — rue Gouvion — 20

—

1889

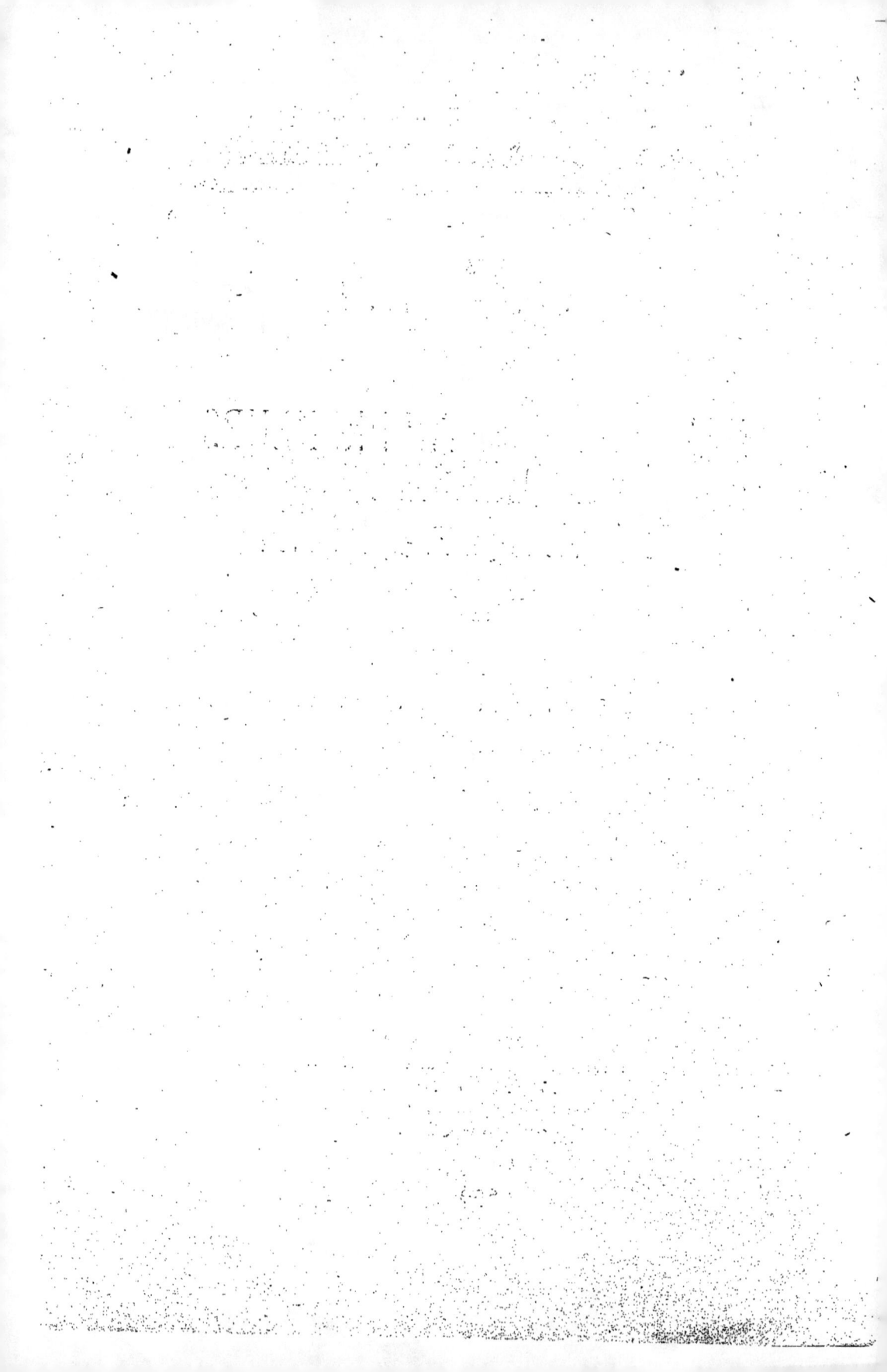

SYNDICAT GÉNÉRAL DU BATIMENT

LES

BONS D'ACOMPTE

ET LES

MÉMOIRES D'ENTREPRENEURS

Visés par les Architectes,

Doivent-ils être rédigés sur papier timbré ?

PAR

M. P. DE LOYNES

Professeur à la Faculté de Droit de Bordeaux.

———— ✳ ————

BORDEAUX

IMPRIMERIE R. COUSSAU ET F. COUSTALAT
20 — rue Gouvion — 20

—

1889

LES

BONS D'ACOMPTE

ET LES

MÉMOIRES D'ENTREPRENEURS

Visés par les Architectes,

Doivent-ils être rédigés sur papier timbré ?

A Monsieur Adolphe SARRAIL, Président du Syndicat Général du Bâtiment.

MONSIEUR LE PRÉSIDENT,

Vous ne négligez aucune occasion de justifier la confiance, dont vos collègues vous ont constamment honoré, par les soins incessants que vous apportez à la défense de leurs intérêts et de leurs droits.

C'est pourquoi vous me faites l'honneur de me soumettre les deux questions suivantes :

1° Les mémoires de travaux faits pour le compte de particuliers doivent-ils être rédigés sur papier timbré, lorsqu'ils sont présentés à l'architecte qui les vise ?

2° Les bons d'acomptes délivrés par un architecte à un entrepreneur pour recevoir du propriétaire payant lui-même des acomptes à raison de l'avancement des travaux sont-ils assujettis à l'impôt du timbre, lorsqu'il s'agit de travaux exécutés pour le compte de particuliers ?

Je m'empresse de vous répondre ; les observations que je vais vous présenter suffiront, je l'espère, pour justifier mon opinion sur les deux difficultés qui ont préoccupé la Société des architectes de Bordeaux.

I

L'article 12 de la loi du 13 brumaire an VII, après avoir énuméré dans son n° 1 un certain nombre d'actes assujettis à l'impôt du timbre, y soumet : « généralement tous « actes et écritures, extraits, copies et expéditions, soit « publics, soit privés, devant ou pouvant faire titre, ou « être produits pour obligation, décharge, justifica- « tions, demande ou défense ».

Dans sa généralité cet article semble comprendre toutes les écritures, quelles qu'elles soient, quel que soit leur caractère, publiques et privées, qu'elles puissent faire titre ou être produites pour obligation, décharge, justification, demande ou défense.

Mais ainsi interprété le texte se trouverait en contradiction avec l'article 30 de la même loi ainsi conçu : « Les écritures privées qui auraient été faites sur pa- « pier non timbré, sans contravention aux lois du timbre, « quoique non comprises nommément dans les excep- « tions, ne pourront être produites en justice sans avoir « été soumises au timbre extraordinaire ou au visa pour « timbre, à peine d'une amende de 30 francs (1) outre le « droit de timbre. »

Il résulte à l'évidence de ce texte qu'il existe des écritures privées, susceptibles d'être produites en justice pour justification, demande ou défense, qui peuvent être rédigées sur papier non timbré sans contravention aux lois du timbre, quoiqu'elles ne soient pas nommément comprises dans les exceptions. Seulement quand on veut en faire usage en justice elles doivent être timbrées à l'extraordinaire ou visées pour timbre.

(1) L'amende a été élevée à 50 francs par l'art. 22 de la loi des finances du 2 juillet 1862.

Par conséquent, l'article 12 de la loi du 13 brumaire an VII, malgré la généralité de ses termes, ne s'applique pas à toutes les écritures privées pouvant être produites pour obligation, décharge, justification, demande ou défense.

Dès lors une distinction s'impose pour concilier ces deux dispositions contradictoires en apparence. Il est des écrits qui doivent au moment de leur rédaction être dressés sur papier timbré; il en est d'autres qui peuvent être consignés sur papier libre, mais qu'on ne peut produire en justice sans qu'ils aient été timbrés à l'extraordinaire ou visés pour timbre.

A quel signe les distinguer ? Les textes sont muets. Nous ne voulons pas cependant entrer ici dans une discussion qui n'aurait pas sa place ; nous nous bornerons à dire : Les lettres missives, les papiers domestiques, et tous autres documents semblables ayant plutôt le caractère d'une pièce d'ordre intérieur que celui d'un écrit rédigé en vue de prouver juridiquement une obligation ou une libération rentrent dans la deuxième catégorie et peuvent sans contravention aux lois du timbre être rédigés sur papier libre. Ces pièces seront seulement soumises au timbre extraordinaire ou au visa pour timbre lorsqu'on voudra les produire en justice.

La jurisprudence a eu, à diverses reprises, l'occasion de faire l'application de ces principes. En voici quelques exemples.

Ainsi l'écrit, par lequel l'économe d'un hospice reconnaît avoir reçu les objets livrés par le fournisseur de celui-ci et qui est destiné à être remis au receveur de l'établissement au moment du paiement, n'est qu'une pièce de comptabilité ou d'ordre intérieur. Elle n'est donc pas assujettie au timbre et peut être rédigée sur papier libre. La Régie de l'enregistrement le reconnaissait. Elle prétendait seulement que cet écrit constituait un reçu passible en vertu de la loi du 23 août 1871 du timbre-quittance de 0,10 centimes. Mais sa prétention fut écartée, parce que la loi du 23 août 1871 ne frappe que les écrits libératoires, et que dans l'espèce l'écrit ne présentait pas ce caractère. (Trib. de Vienne, 29 juin 1878, Sirey, 1879, 2, 25.)

Ainsi encore est un simple document d'ordre intérieur, de contrôle et de comptabilité l'écrit qu'un particulier, en prenant livraison des marchandises à lui remises sur sa commande, délivre à un fournisseur qui n'était tenu envers lui d'aucune obligation de livrer. En conséquence, cet écrit n'est pas soumis au timbre de dimension en vertu de la loi du 13 brumaire an VII. C'est ce qu'a jugé le Tribunal de la Seine le 19 février 1886 par un jugement rapporté dans Sirey, 1888, 1, 274. Dans la formule de son pourvoi la Régie de l'enregistrement avait visé l'art. 30 de la loi du 13 brumaire de l'an VII, dont le jugement aurait, suivant elle, fait une fausse application. Mais comme elle n'a pas conclu à la cassation du jugement de ce chef, la Cour de cassation n'a pas eu à s'expliquer sur ce moyen. La Régie soutenait que cet écrit avait, en tous cas, un caractère libératoire qui le rendait passible du timbre de 0,10 centimes établi par la loi du 23 août 1871. Mais sa prétention, repoussée par le Tribunal de la Seine, fut également condamnée par la Cour de cassation. (Req. 7 mars 1887, Sirey, 1888, 1, 273.)

La même question a été soulevée à propos des factures. La Régie prétendait également que ce sont des écrits pouvant faire titre ou être produits pour obligation, justification ou demande. Dans l'espèce à l'occasion de laquelle la question était soulevée, il s'agissait d'une facture acquittée.

Par jugement du 20 février 1866, le Tribunal civil de Bayonne a repoussé la demande de la Régie. Il a décidé que les factures ne sont pas assujetties au timbre, parce qu'elles ne rentrent pas dans la catégorie des écrits que la loi du 13 brumaire an VII y soumet. Il a décidé que la quittance au bas d'une facture n'est pas passible de l'impôt du timbre parce que telle était, d'après le Tribunal, l'intention des auteurs de la loi du budget du 2 juillet 1862. Ils avaient en effet repoussé le timbre-quittance proposé à cette époque par le gouvernement ; ils y avaient vu un impôt nouveau. Le Tribunal en concluait que les lois antérieures ne soumettaient pas au timbre les quittances apposées au bas des factures.

La Régie de l'enregistrement se pourvut contre cette décision et reprit devant la Cour de cassation la thèse qu'elle avait soutenue devant le Tribunal. La Cour suprême cassa la décision rendue par le Tribunal civil de Bayonne, parce que l'écrit représenté constatant une quittance supérieure à 10 francs, susceptible d'être produite en justice pour décharge, était, à ce titre, assujetti à l'impôt du timbre, et ne pouvait bénéficier de l'immunité du visa pour timbre. (Civ. Cass. 28 juillet 1868, Sirey, 1868, 1, 346; Dalloz périodique, 1868, 1, 401.)

La Cour de cassation s'est bien gardée de consacrer la théorie absolue présentée par la Régie ; elle n'a pas décidé que les factures, comme on le soutenait devant elle, étaient passibles de l'impôt du timbre ; elle a constaté que la facture était acquittée, que cet écrit opérait décharge et était, à ce titre, susceptible d'être produit en justice. Elle en a conclu, que, pour ce motif, il était assujetti au timbre. Nous dirons même : le soin que la Cour suprême a pris de limiter sa décision aux factures acquittées supérieures à dix francs, fait présumer que, dans sa pensée, les factures qui ne sont ni acceptées, ni acquittées, sont affranchies du timbre. Cette interprétation est d'autant plus vraisemblable, que dans ses conclusions, M. l'avocat général Blanche avait dit, avec la grande autorité qui s'attachait à sa parole :

« Si la facture n'était pas acquittée, nous reconnais-« sons qu'il serait difficile de faire rentrer l'écrit parmi « ceux qui sont assujettis au timbre par l'article 12 de la « loi du 13 brumaire an VII comme devant ou pouvant « faire titre ou être produits pour obligation, décharge, « justification, demande ou défense. La facture qui n'est

« pas acceptée par l'acheteur ou qui ne renferme pas la
« quittance du marchand, nous paraît avoir le caractère
« d'une simple note ou d'un papier domestique assimi-
« lable à la lettre missive. Elle tombe donc au même
« titre sous l'application de l'art. 30 de la loi du 13 bru-
« maire an VII, d'après lequel certaines écritures privées
« peuvent être rédigées sur papier non timbré, à la seule
« condition d'être timbrées à l'extraordinaire ou visées
« pour timbre avant toute production en justice. »

Cette solution a été depuis la loi du 23 août 1871 admise par la Régie de l'enregistrement. Elle s'est toujours contentée du timbre-quittance de 0,10 centimes
sans jamais exiger le timbre de dimension, lorsque sur
une facture on opérait la déduction soit d'objets anté-
rieurement restitués, soit d'acomptes déjà payés. Ces
dernières énonciations renferment en effet une décharge des objets restitués, un acquit de la somme dé-
duite ou des acomptes payés. (Voyez notamment Tribunal de Charleville, 26 décembre 1873 ; Tribunal d'An-
nonay, 4 août 1874 dans Dalloz, Recueil périodique, 1874,
5, 489, n°⁵ 56 et 57.) Si le timbre-quittance est suffisant,
c'est évidemment que la facture par elle-même n'est pas
soumise au timbre de dimension.

Cette opinion est enseignée par M. Garnier dans son
Répertoire général et raisonné de l'enregistrement (5ᵉ
édition, 1874), t. III, vᵒ Facture, nᵒ 8785, 1, et par les
rédacteurs du Journal de l'enregistrement et des do-
maines, dans leur *Dictionnaire des droits d'enregistrement, de timbre, de greffe et d'hypothèques* (3ᵉ édition,
1883), t. III, vᵒ Facture-Mémoire, n°⁵ 3 et 4.

Cette opinion est consacrée par une solution de l'administration de l'enregistrement du 3 juillet 1875, rap-
portée dans le *Répertoire périodique de l'enregistrement*,
nᵒ 4234, et dans le *Journal de l'enregistrement*, nᵒ 19817.

Enfin elle est consacrée par une décision du Ministre
des finances du 15 septembre 1881 relatée dans les termes suivants dans le répertoire périodique de Dalloz,
(1882, 5, 391, nᵒ 11) :

« Le mémoire rédigé et acquitté par le fournisseur à
« une seule et même date, n'est, au point de vue de l'im-
« pôt, qu'une simple quittance, contenant, il est vrai, le
« prix et le détail des fournitures, mais à laquelle ces
« indications ne sauraient enlever le caractère de pièce
« purement libératoire ; par suite, le Trésor, est désin-
« téressé lorsque cet écrit est soumis au droit de timbre
« de 0,10 centimes, établi pour les quittances, reçus et
« décharges. »

Nous pouvons maintenant conclure :

D'après la jurisprudence, les auteurs, l'administration
et une pratique constante, les factures non acceptées
ne rentrent pas dans la catégorie des écritures qui doivent au moment de leur rédaction être faites sur papier
timbré ; elles peuvent être rédigées sur papier libre ;
mais si elles sont produites en justice elles seront soumises au timbre extraordinaire ou au visa pour timbre.
Elles sont soumises au timbre-quittance de 0,10 centimes quand elles sont acquittées.

Ces principes rappelés, il est facile de résoudre les
deux questions que vous nous avez soumises.

II

Les mémoires des travaux faits pour le compte de
particuliers doivent-ils être rédigés sur papier timbré
lorsqu'ils sont présentés à l'architecte qui les vise ?

Nous n'hésitons pas à répondre négativement. Le mémoire n'est en réalité qu'une facture ; ces pièces ont la
même nature et de même que les factures qui ne sont ni
acceptées, ni acquittées, ne sont pas soumises à l'impôt
du timbre, de même les mémoires des entrepreneurs qui
ne sont également ni acceptés ni acquittés n'y sont pas
assujettis.

Nous disons que les mémoires des [entrepreneurs et

les factures des fournisseurs ont la même nature. En
effet la facture est un écrit dressé par un commerçant
et indiquant la nature, la quantité, la description, le prix
par unité et le prix total des marchandises par lui vendues
et livrées. Le mémoire est le relevé adressé par l'entrepreneur au propriétaire des travaux effectués pour le
compte de celui-ci ; il renferme des indications diverses
destinées à faciliter le contrôle et la vérification. La
seule différence qui sépare ces écrits consiste en ce que
la facture suppose une vente des marchandises et le mémoire un contrat de louage d'ouvrage ou d'industrie.
Malgré cette différence de détail, ces écrits n'ont pas
moins la même nature.

Or, nous avons démontré que les factures ne sont pas
assujetties à l'impôt du timbre ; par conséquent, il en est
de même des mémoires des entrepreneurs.

Si du reste nous étudions la loi du 13 brumaire de
l'an VII, nous sommes conduits à la même solution.

En effet, si on lit la longue énumération insérée dans
le n° 1 de l'art. 12 de la loi du 13 brumaire an VII, il est
certain que les mémoires et factures ne rentrent dans
aucun de ses termes. S'ils sont atteints par ce texte et
soumis à l'impôt du timbre, ce ne peut être qu'en vertu
de sa disposition finale, déjà citée ci-dessus, mais que
nous croyons utile de reproduire :

« Sont assujettis au droit de timbre établi en raison de
» la dimension, tous les papiers à employer pour les ac-
« tes et écritures, soit publics, soit privés, savoir :

« 1° . . . .

« et généralement tous actes et écritures, extraits, copies
« et expéditions, soit publics, soit privés, devant ou pou-
« vant faire titre ou être produits pour obligation, dé-
« charge, justification, demande ou défense. »

Si les mémoires des entrepreneurs comme les factures
des marchands ne sont pas des actes dans le sens pro-
pre de ce mot, c'est-à-dire des écrits dressés pour cons-
tater un contrat ou une convention, ils sont très certaine-

ment des écritures. Nous avons en conséquence à nous demander s'ils réunissent les conditions exigées par le texte que nous venons de rapporter. S'ils les réunissent, ils doivent nécessairement être écrits sur papier timbré ; s'ils ne les réunissent pas, ils peuvent, conformément à l'art. 30 de la même loi du 13 brumaire an VII, être écrits sur papier libre, sans contravention aux lois du timbre, quoiqu'ils ne soient pas nommément compris dans les exceptions. Mais alors, quand on les produira en justice, ils devront préalablement être soumis au timbre extraordinaire ou au visa pour timbre.

Or, à ce point de vue, le doute n'est pas possible ; les mémoires et les factures non acceptés ne réunissent pas les conditions requises par la loi du 13 brumaire de l'an VII, et ne sont pas soumis au timbre.

D'une part, il est certain qu'ils ne peuvent pas faire titre ; car ils sont rédigés par celui qui se prétend créancier en dehors de toute participation du débiteur. Or, il est de principe que nul ne peut se créer de titre à lui-même, art. 1331 C. Civil. Ainsi le veulent la loi et la raison. Donc, ces écritures ne peuvent pas faire titre. Elles ne sont pas à cet égard comprises dans les termes de la loi du 13 brumaire an VII.

D'autre part, ces écritures ne peuvent être produites ni pour obligation, ni pour justification, ni pour demande ou défense. Elles ne peuvent ni prouver une obligation, ni en justifier le chiffre, ni appuyer une demande ou une défense, car elles émanent du seul créancier et n'ont contre le débiteur aucune force probante, puisqu'il ne les a pas signées. Elles ont, on le voit, beaucoup moins d'autorité que les lettres missives qui constatent un engagement. Or, nul ne conteste que les lettres missives ne sont pas atteintes par l'art. 12 de la loi du 13 brumaire an VII. Elles ne peuvent seulement être produites en justice sans avoir été soumises au timbre extraordinaire ou au visa pour timbre. Donc, il doit à plus forte raison en être de même des mémoires et des factures.

Ce ne sont là que des écrits d'ordre intérieur ; ils ont pour but de permettre au débiteur de vérifier lui-même le chiffre de sa dette ; c'est une pièce de comptabilité, de contrôle. Ce n'est pas un écrit rédigé en vue de prouver juridiquement ou de justifier un fait ou une convention. Ce ne sont que de simples notes indicatives, destinées à faciliter une vérification. Nous ne sommes plus dans les termes de l'art. 12 de la loi du 13 brumaire an VII. Ils ne sont pas soumis à l'impôt du timbre.

Mais il en est autrement lorsque la facture ou le mémoire a été accepté par le débiteur. Par l'apposition de sa signature et son acceptation, il fournit un titre contre lui ; car, aux termes de l'art. 109 du Code de commerce, les achats et ventes se constatent par une facture acceptée. La nature de la pièce se trouve modifiée par la volonté des parties ; de pièce d'ordre intérieur, elle devient un titre, elle peut être produite pour obligation, justification, demande ou défense. M. Garnier en conclut qu'elle est alors soumise au timbre de dimension, et dans certains cas au timbre proportionnel *(Répertoire général et raisonné de l'enregistrement,* 5ᵉ édition, 1874, t. III, vᵒ Facture nᵒ 8785). Les rédacteurs du Journal de l'Enregistrement enseignent la même doctrine dans leur *Dictionnaire des droits d'enregistrement, de timbre, de greffe et d'hypothèques,* vᵒ Effets de commerce, billets et obligations non négociables, nᵒˢ 542 et s.

Les mémoires rédigés par les entrepreneurs sont présentés à un architecte désigné par le propriétaire. Cet architecte les vérifie, les rectifie s'il y a lieu, et y appose son visa. A partir de ce moment, la nature de l'écriture n'est-elle pas changée ? Cette pièce d'ordre intérieur n'est-elle pas, dans l'intention des parties, devenue un titre, une justification, et n'est-elle pas comme la facture ou le mémoire accepté, soumise au timbre ? En d'autres termes, le visa de l'architecte ne peut-il, à raison de la transformation qu'il opère dans la nature de l'écriture, être porté que sur une pièce écrite sur timbre ?

Il est certain que l'acceptation peut émaner du mandataire du débiteur aussi bien que du débiteur lui-même. Dans l'un et l'autre cas, elle produit les mêmes effets, elle est régie par les mêmes principes, elle est soumise aux mêmes règles.

Or, l'architecte chargé de vérifier le mémoire de l'entrepreneur, est choisi par le propriétaire. N'y a-t-il pas lieu d'appliquer ces principes?

Pour résoudre la question, il est nécessaire de déterminer le caractère de la mission de l'architecte.

Il est certain que le visa qu'il appose ne lie aucune des parties ; ce n'est qu'un simple renseignement. Par conséquent, l'écriture n'a pas perdu son caractère originaire. Elle était une pièce d'ordre intérieur, de comptabilité ; visée par l'architecte, elle reste une pièce d'ordre intérieur, de vérification.

Nous disons que le visa de l'architecte ne lie aucune des parties : il est facile de le démontrer. Il n'oblige certainement pas l'entrepreneur, qui ne l'a pas choisi. Celui-ci peut contester les appréciations et les évaluations de l'architecte, discuter les prix, demander au Tribunal ou en référé au Président du Tribunal d'ordonner une expertise.

Il n'oblige pas davantage le propriétaire qui l'a choisi et pour le compte duquel il a procédé à la vérification du mémoire. Il est bien mandataire du propriétaire; mais il n'est pas mandataire à l'effet d'accepter le mémoire; il est seulement mandataire à l'effet d'accomplir une mesure d'instruction destinée à éclairer le propriétaire. Le visa par lequel il atteste et constate le résultat de son travail, n'oblige pas le propriétaire. Celui-ci n'est pas tenu d'en accepter les conclusions ; il peut recourir à un autre architecte, il peut, devant la justice ou en référé devant le Président du Tribunal, provoquer une expertise.

Dans ces conditions, le mémoire même visé par l'architecte, n'est qu'un mémoire non accepté, et de même

que le mémoire dressé par l'entrepreneur seul n'a pas
besoin d'être écrit sur papier timbré, de même le mé-.
moire visé par l'architecte n'est pas assujetti au timbre ; mais l'un et l'autre ne pourront être produits en
justice sans avoir été soumis au timbre extraordinaire
ou au visa pour timbre.

C'est ce qu'a très justement décidé le Tribunal civil de
la Seine, par un jugement du 24 janvier 1862, dans les
termes suivants :

« Attendu que rien ne prouve que les mémoires de
« travaux soient signés par les entrepreneurs et les ar-
« chitectes qui les ont réglés ; *que, fussent-ils signés, ils*
« *n'auraient aucune force obligatoire contre les proprié-*
« *taires qui ne les ont pas signés ; qu'ils n'ont point le*
« *caractère d'actes sous seings privés ;* — Attendu que
« l'huissier Métivier, en relatant dans ses procès-ver-
« baux d'offres réelles *le fait de mémoires en demandes*
« *réglés par les architectes sans autres énonciations, ne*
« *se réfère qu'à de simples renseignements;* qu'il n'a
« point fait usage en justice d'un acte sous seings privés
« ni agi en conséquence ou en vertu de cet acte ; que,
« conséquemment, il n'y avait pas lieu, sur la présenta-
« tion à la formalité des procès-verbaux d'offres, de per-
« cevoir un droit de 2 fr. pour mémoire et une amende
« de contravention ; — Condamne, etc. »

Cette opinion est admise sans contestation dans la
pratique, et, toutes les fois que cette mesure leur paraît
nécessaire, les Tribunaux ou même le Président statuant
en referé ordonnent une expertise, sur la demande du
propriétaire, quoique l'entrepreneur produise des mémoires visés par l'architecte du propriétaire. Cette pièce
n'est donc, comme l'a très exactement dit le Tribunal de
la Seine dans le jugement que nous venons de reproduire, qu'un simple renseignement ; elle n'est ni un titre
ni une justification, c'est une pièce d'ordre intérieur ;
elle n'est soumise au timbre ni au moment de sa rédaction, ni au moment du visa de l'architecte ; seulement

lorsqu'elle sera produite en justice elle sera assujettie au timbre extraordinaire ou au visa pour timbre. (Voir en ce sens Collet-Corbinière dans la *Semaine des Constructeurs*, II° série, 3° année, n° 32, 2 février 1889, p. 381) (1).

III

Les bons d'acomptes délivrés par un architecte à un entrepreneur pour recevoir du propriétaire payant lui-même des acomptes à raison de l'avancement des travaux sont-ils assujettis à l'impôt du timbre lorsqu'il s'agit de travaux exécutés pour le compte des particuliers ?

Après les explications, dans lesquelles nous sommes entré sur la première question, celle-ci ne paraît pouvoir faire doute.

Cependant M. Collet-Corbinière (*Semaine des Constructeurs*, ii° série, 3° année, n° 22, 24 novembre 1888, p. 257), décide que cette pièce est soumise au timbre et approuve la réclamation formée en ce sens par l'administration de l'enregistrement contre un architecte. Il dit à ce sujet ;

« Incontestablement les bons ou certificats de paie-
« ment d'acomptes, même ne comportant aucun règle-
« ment, peuvent être produits pour *décharge* ou pour
« *justification*, et, à cet égard, ils doivent être délivrés
« sur papier timbré. »

Il est presque inutile de relever le *lapsus calami* échappé à la plume si exercée de M. Collet-Corbinière. Le bon d'acompte n'est certainement pas une décharge, ils ne constate aucune libération. Autrement il pourrait

---

(1) Depuis la rédaction de notre travail, on nous a communiqué un article du Journal la *Réforme du Bâtiment* (n° du 18 février 1889), et un article de M. Jules Périn avocat, docteur en droit dans le Journal l'*Architecture* (n° du 16 février 1889, p. 79), qui défendent la théorie que nous venons d'exposer.

bien se faire qu'il fût seulement soumis au timbre-quittance de 0,10 centimes créé par la loi du 23 août 1871, et substitué au timbre de dimension pour les écrits emportant libération. Mais il n'a certainement pas le caractère d'un acte de libération ; il n'y aura de décharge qu'au moment où le bon d'acompte aura été remplacé par la quittance de l'entrepreneur ; il est inutile de s'en préoccuper à ce point de vue.

Nous n'avons donc qu'à rechercher si ce bon d'acompte peut être produit pour justification et s'il doit, à ce titre, être écrit sur papier timbré.

Dans presque toutes les conventions intervenues entre un entrepreneur et un propriétaire, il n'est rien stipulé relativement au paiement d'acomptes. C'est par suite la seule hypothèse que nous ayons à envisager. Au cours des travaux l'entrepreneur s'adresse à l'architecte, lui demande un bon indiquant la somme que le propriétaire peut payer vu l'avancement de l'ouvrage. Puis il demande au propriétaire de lui avancer cette somme sur le prix des travaux en voie d'exécution.

Quelle est la nature de cette pièce ? De la réponse à cette question dépend la solution relative au timbre.

Est-ce un titre ? Manifestement non, car le bon d'acompte n'a rien d'impératif ou d'absolu. Il ne lie personne. Le propriétaire n'est pas obligé ; l'entrepreneur ne peut pas, en vertu de cette pièce, le poursuivre et obtenir, sur cette seule représentation, condamnation au paiement de la somme qui y est portée. L'architecte a reçu du propriétaire la mission de surveiller les travaux, de lui transmettre tous les renseignements utiles. Mais il n'a pas mandat à l'effet d'obliger le propriétaire. Nous l'avons déjà dit : le visa par l'architecte du mémoire de l'entrepreneur ne lie pas le propriétaire ; celui-ci conserve le droit d'en contester les éléments, de recourir à un autre architecte, de provoquer une expertise. Il en est de même pour les bons d'acomptes. Le propriétaire peut toujours refuser de payer des acomptes avant l'achèvement de l'ouvrage. Donc, ces bons ne constituent pas un titre.

Ils ne sont pas davantage une justification ; car toute justification suppose un droit et l'entrepreneur n'a aucun droit actuel. Le propriétaire reste le maître de refuser tout paiement, de n'avancer qu'une somme inférieure à celle qui est portée sur le bon d'acompte. Si l'on cherche une analogie, on pourrait rapprocher du bon d'acompte le visa apposé par l'architecte sur le compte dressé par l'entrepreneur après l'achèvement complet des travaux. Le premier serait un règlement provisoire, le second un règlement en fin de compte. Mais ce n'est là qu'une différence accidentelle et de détail ; les deux écritures ont la même nature, elles doivent être soumises aux mêmes règles. Or, nous avons démontré que les mémoires des entrepreneurs visés par les architectes n'étaient assujettis au timbre, ni au moment de leur rédaction, ni au moment du visa de l'architecte, mais seulement lors de leur production en justice. Il en doit être de même des bons d'acomptes et jusqu'à l'acceptation du propriétaire qui les transforme en titres, ils ne sont pas soumis au timbre.

Que sont donc les bons d'acomptes? Ils ne sont que des pièces d'ordre intérieur analogues à celles dont nous avons parlé au début et qui, d'après la jurisprudence, ne sont pas soumises au timbre. C'est une proposition que l'architecte fait au propriétaire et qui n'a de valeur que par le consentement ou l'acceptation de celui-ci. C'est un renseignement que l'architecte pourrait porter lui-même au propriétaire dans une démarche personnelle, que par simplification il rédige par écrit et charge l'entrepreneur de lui remettre de sa part. Ces bons d'acomptes n'offrent-ils pas la plus grande analogie avec les certificats de situation d'avancement, d'achèvement ou de réception, délivrés par les ingénieurs des Ponts et Chaussées aux entrepreneurs de travaux publics ? Or, la même question fut agitée à ce sujet. Voyons quelle

solution elle a reçue : Une décision du Ministre des
finances, du 25 septembre 1810, avait admis que ces
certificats sont passibles de l'impôt du timbre par ce
motif que, s'ils constituent des actes de l'autorité publique,
ils intéressent cependant les particuliers auxquels ils
sont délivrés et qu'à ce titre ils tombent sous l'application de l'art. 12 de la loi du 13 brumaire an VII. Mais cette
interprétation était erronée. Le Ministre des finances le
reconnut par une décision du 18 juillet 1829, aux termes
de laquelle ces certificats sont exempts du timbre, attendu
qu'il s'agit ici d'un document purement administratif et
qui est destiné moins aux entrepreneurs qu'à l'ordonna-
teur de la dépense. (Voyez *Dictionnaire des droits d'enregistrement, de timbre, de greffe et d'hypothèques*, t. V,
v° Timbre et comptabilité, n° 913.) Le bon d'acompte joue
un rôle analogue dans les rapports entre particuliers, et
il y aurait encore moins de raisons pour l'assujettir au
timbre. Le bon d'acompte, en effet, est destiné moins à
l'entrepreneur, auquel il ne confère aucun droit certain,
qu'au propriétaire auquel l'architecte donne son avis sur
l'état des travaux et le chiffre de l'acompte qu'il peut,
s'il y consent, verser à l'entrepreneur. Ce n'est donc
qu'une de ces pièces d'ordre intérieur qui ne sont pas
assujetties au timbre mais qui ne peuvent être produites
en justice sans avoir été soumises au timbre extraordinaire ou au visa pour timbre (1).

Tels sont les motifs pour lesquels j'estime que dans les
travaux faits pour le compte des particuliers, les mémoires d'entrepreneur, même visés par les architectes, et
les bons d'acomptes ne sont que des pièces d'ordre intérieur, échappent par ce motif à l'impôt du timbre et peuvent être écrits sur papier non timbré quoiqu'ils ne
soient pas nommément compris dans les exceptions; mais

(1) Voir également en ce sens dans le Journal l'*Architecture* l'article de
M. Jules Périn avocat, docteur en droit, que nous avons déjà eu l'occasion de
citer.

conformément à l'art. 30 de la loi du 13 brumaire an VII, ils ne pourront être produits en justice sans avoir été soumis au timbre extraordinaire ou au visa pour timbre.

Veuillez agréer, Monsieur le Président, l'expression de ma considération distinguée.

P. DE LOYNES,

Professeur à la Faculté de Droit de Bordeaux.

BORDEAUX, le 17 février 1889.